JUVENTUDE

JUVENTUDE

Laís Araruna de Aquino

Livro vencedor do Prêmio Maraã de Poesia 2017

Copyright © 2018 Laís Aquino
Juventude © Editora Reformatório

Editores
Marcelo Nocelli
Rennan Martens

Revisão
Marcelo Nocelli
Natália Souza

Design e editoração eletrônica
Negrito Produção Editorial

Dados Internacionais de Catalogação na Publicação (CIP)
Bibliotecária Juliana Farias Motta (CRB 7-5880)

Aquino, Laís Araruna de
    Juventude / Laís Araruna de Aquino. – São Paulo: Reformatório, 2018.
    152 p.; 14 x 21 cm.

    ISBN: 978-85-66887-45-7
    Vencedor do Prêmio Maraã de Poesia 2017

    1. Poesia brasileira. I. Título.
A657j   CDD B869.1

Índice para catálogo sistemático:
1. Poesia brasileira

Todos os direitos desta edição reservados à:

Editora Reformatório
www.reformatorio.com.br

Para os meus três leitores: Guiga, Cela e Rafa.

Porque nenhum descobridor na história
(e algum tentou?) jamais se desprendeu
do cais úmido e ínfimo do eu.

Paulo Henriques Britto

Sumário

Juventude 13

A um bruxo, com amor 15

Meu ofício 17

Reiterações sobre um tema 18

Canto universal 19

4 de janeiro 21

Ensaio sobre o que resta 23

Hipótese contra a dissipação 25

Cartografia do silêncio 27

Prefiro os dias de chuva 29

Vida de campo 31

Poemeto provinciano 33

Minha vida de cachorro 35

Imanência 37

Noturno no campo 39

Palmeiras imperiais 41

Minha juventude 43

Lição em duas partes 45

Vida de bairro 47

Poema só para R.A. 49

Annus mirabilis 51

Poema de verão 53

Domingo no campo 55

Lições de família 57

Considerações sobre a existência 59

Dialética 61

Teia 63

Morro na medida em que tenho consciência de morrer 65

Narciso 67

Uma província, o eu. 69

Registro. 71

Momento no Recife 73

Sevilla. 75

Segunda-feira à tarde, na praça Eça de Queirós 77

Confissão 79

Uma certeza 81

Metafísica da casa 83

As existências são poucas 85

Especulações Dezembro 2016 87

Conversa com Maiakóviski. 89

Poema para Philip Larkin 91

Tua escova-de-dentes 93

Os nomes e o homem 95

Terça-feira pela manhã, sobre a ponte da Capunga. . . . 97

Esfinge 99

Ontologia do nada 101

Veloz. 103

Noturno no campo n. 2 105

Um poema para agora 107

Dissolução. 109

Experimento 111

Poema. 113

Amor fati. 115

10 *Juventude*

Poema n. 2 117

Poema n. 4 119

O amor não acontece à tarde 121

Constatação 123

Sem título 125

Dia bom 127

Jornada no campo 129

Soberania e solidão 131

Preparação para a noite 133

Balanço 135

Sobra 137

Recapitulação 139

Última morada 141

Elogio da luz 143

Juventude

Teus amigos – alguns – mudaram de cidade
os teus irmãos já não moram
com teus pais
foram para o norte, o sudeste
para as Índias, talvez

Mas tu, fiel, ficaste
com o teu cachorro
tens tempo para o trabalho
para, à tardinha, à janela, olhar detidamente
as gentes que passam
para a poesia – os livros
que nunca leste

Não precisas da economia do verbo
sempre podes falar sobre o tempo
(como são úmidos e quentes os dias do ano)
ou sobre o maldito governo
deste país miserável
com alguém no elevador
nas filas do mercado
– vai tudo muito caro

E quando o dia for muito belo
para as conversas pequenas e fáceis
restam-te os solilóquios
ou os sonhos da espera
ainda tens muitos anos à frente
e a esperança, essa imprudente
te acompanha, oh jovem

Podes por um minuto
em tudo acreditar
para desacreditar logo depois
frustração após frustração
teus olhos têm um brilho inextinguível

Tudo está bem
mesmo as coisas fora de lugar
és jovem
podes o recurso extremo
dorme mais um pouco

A um bruxo, com amor

Tu dizes amanhã é nunca
faz preciso viver como não
deixar-se ao sol se sol
apanhar a chuva se chuva
andar ao vento – sempre
que a matéria tua é passar

Tu dizes e eu penso na redenção
do amanhã como se pudesse saltar
sobre o nada de depois de tudo
em um eterno presente
como se o amanhã um oriente
que é preciso alcançar

Mas tu dizes amanhã é nunca
e no nada em que meditas
te cabe nadar – profundamente
que isto o torna pleno
de águas, sopro e vento
enlace de tua voz com o tempo

Tu dizes dizes e dizes
e tua voz é como duas águas
em minha vida
e o nada, essa falta

de chuva sol e vento
enterro no tempo
e a mim – deixo ficar
ao sol, se sol
sob a chuva, se chuva
e ao vento – sempre

que a minha matéria
eu, corpo nas águas
– é passar

Meu ofício

às cinco da tarde um som de apito no ar
anunciou à rua o vendedor de doce japonês
um outro – que inusitado – cruzou comigo
meia hora mais tarde no fim do passeio
em condições ordinárias não se cruza duas vezes
com vendedores de doce japonês
hoje é um dia ordinário cortado pelo maravilhamento
como todos os dias do ano
pela manhã quando atravessava para o cais no Bairro do
   Recife
as águas e os céus se dividiram em duas metades
de esplêndido azul
e meu coração fundeou à-toa
junto aos barquinhos do Capiberibe
no fim da tarde eu vestia minha camisa branca
bastante usada e rasgada e gostava de que pensassem
em mim alheia às coisas materiais deste mundo
não importa mas o homem é um ser
de grandes questionamentos – inclusive dos menores
meu trabalho consiste em redigir petições
como todos os demais
entanto meu ofício é deixar o coração aberto
permanentemente

o espanto não escolhe a hora de entrar

Reiterações sobre um tema

o vento no canavial
as bandeirinhas de Volpi
os leões que Hokusai desenhou todos os dias
por 219 dias até morrer

a forma não se atinge nunca
na reiteração das coisas no tempo
as coisas – elas mesmas
são outras e tu
outro és

e o café as camisas brancas o assoalho da casa,
o qual pisaste e tornarás a pisar,
numa configuração nunca idêntica,
porque a madeira desbota e teus cabelos vão a cinza

viver – eis a fissura
é estar inacabado até o fim

Canto universal

"Sing me the universal" (Walt Whitman)

Sofres e não sabes por que sofres
Lá fora, árvores frondosas balançam no azul
Mas dentro tudo é um blue sufocado
Quem, se tu gritasses, escutaria teu grito
cheio de antigos, extravagando no ordinário?
Quem, se tu estertorasses, romperia a tarde,
o trabalho e as muralhas do teu corpo sadio?

Ah sofrer do nada...
enquanto a amplidão das coisas circundantes,
muito cheias de si e certas de existência,
enquanto o mundo vasto desde sempre aí
Mas o intervalo de não ser mundo
e o intervalo de não ser outro
O intervalo da luz esvaindo
até a consumação total da noite

E ser apenas um! – desgarrado na liberdade
não obstante todos sermos os desgarrados
não obstante todos sermos carne da carne
mas a solidão é só tua, homem
Porque ninguém pode dar-te do imponderável
Ninguém pode devolver-te as confluências do sagrado
e preencher a concha do teu amor sem uso

Juventude 19

Estás neste mundo jogado sem testamento
Abandonaram-te os deuses e a natureza
E sofres e não sabes por que sofres

4 de janeiro

Hoje, a 4 de janeiro
do ano corrente
conheço-me: sou mortal
vou morrer

não hoje amanhã
também não –
não, amanhã não
posso garantir

antes, sabia-me
por certo mortal
como se sabe
a Terra ao redor do Sol

antes, ou seja, o tempo
antes de hoje
morrer era futuro
apenas instância do presente

sem mais corpo que
o fôlego suspenso
de noites jovens
e imortais

mas hoje descobri-me
mortal isto é
animal de morte
não para a morte

não para –
não o destinado
não o enviado mas o ser de
vivente na

hoje embora um dia
de sol e mosquitos
sem mais perigos
que o de viver

não soube se tinha
vinte e sete ou
vinte e oito anos
e um ano

já eram dez ou trinta
e eu estava lá
bem mortal com
meus vinte e sete anos

Ensaio sobre o que resta

Freud diz que a humanidade sofreu três feridas narcísicas
com Copérnico, a Terra, nossa casa, deixou o centro do
    universo
com Darwin, a evolução substituiu a descendência divina
e, de volta a Freud, o inconsciente foi o bárbaro da razão

O homem perdeu a imagem arquetípica do homem no
    mundo
o céu estrelado, que constituía uma morada
ou uma lei, se abriu para a contingência fatal dos astros
a semelhança do filho à imagem do Pai
resultou apenas escritura e esta, um dos léxicos da
    História

O céu não configura mais um teto
a gênese, não mais uma raiz
e o caminho destituiu a razão

No centro de lugar nenhum, ganhou o homem
a liberdade de ir ou estar à sorte do nada
e de ver no espaço – o vazio
os puros horizontes de cor de Rothko
a ruptura da forma para além da abstração

Juventude

E a ideia da pura página,
liberta para sempre do signo, desprende-se
da iminência do lírio, da bruma ou da neve

Sem invólucros, meu filho, inspira –
profundo é o ar e a experiência,
incomunicável

Inspira profundamente a liberdade do que nos resta –
a plenitude do vazio

Hipótese contra a dissipação

vamos, desceu a chuva
estende as tuas pequenas mãos em concha
para reter um pouco de água
como a uma certeza

não levarás do mundo nada
este momento e outro em que um punhado
de qualquer coisa é tua maior e breve certeza
aconteceram, porém

vamos, a manhã saiu
apesar da escuridão da véspera
deixa teu corpo contra o vento
para que te afague uma canção
materna

vês, vento e água escorrem pela terra
deixa-te ir também
teu primeiro luto foi a luz
mas teus olhos alguma vez
refletem o brilho de constelações

não obstante a consciência pulsando
no fundo sem fim da noite

Cartografia do silêncio

(Para minha avó)

Vovó, já bem tarde na vida, costumava contar
a qualquer que estivesse a seu lado
que a granja fora um presente do meu avô.
Ela dizia numa voz feliz,
ignorava o que haveria de ganhar, mas fora ter com ele,
neste campo de silêncio e vento.
Minutos depois repetia, repetia, a mesma voz, feliz,
até de repente surgir súbito algo
que remontava a seus quatro anos...
e se interrompia por um momento
como sísifo...

A granja fora o presente de meu avô a minha avó.
Aqui onde eu preciso nada que os pés descalços
na grama verde e o balanço das palmeiras imperiais,
coroas d'outro tempo.
Essa história é o legado do antepassado que não conheci
e o fio do presente se entrelaça ao tempo de antes
como uma voz ao eco de outra voz dentro da língua.
Na minha voz sopra a fala atávica do sangue no tempo.
(e o meu jeito de ir ao meio do mato, entocada,
é o doce legado do sangue)

Bem mais tarde, minha avó, que já perdera muito,
não conhecia mais este lugar de refúgio fora da cidade.
Aqui era como lá e ao quando se misturou
o presente de eternidades.
No entanto aqui é o lugar onde o deitar do sol
traz um brilho dourado às árvores que recortam o horizonte.
Não se pode roubar este presente
mas chegará o momento em que tudo será apagado
pela sombra do nada, restando um monumento de ruínas
fora do tempo, sepultado.

O exílio da memória é como um farol num oceano
profundo e escuro de águas impenetráveis.
Resplandece em meio ao nada, quando se perdem

– as pontas do tempo

Prefiro os dias de chuva

prefiro os dias de chuva
não obstante o eu esbarre na resistência
das coisas que estão aí fora e não dão passagem
os pragmáticos comprariam cigarros
eu imagino a sensação de um trago cálido
e a imagem é mais real que o ato em si
como a lembrança deste dia fundará outro dia maior
sim, prefiro os dias de chuva
posso ficar fundamentalmente só
estendendo a pouca roupa no varal ou aguando
as plantas da casa
os arranhões do mundo não escalavram
a ficha da existência dispensa carimbo
deito no chão frio
isto confere qualquer sentido à falta de sentido
como ter um guarda-chuva no exato momento
em que não tempestua e aranhas
monstruosas assomam no jardim
não pensei sobre o resto do dia
não, pensei e nada resolvi
sobre a longa tarde de sábado
ou um modo novo de evitar o aniquilamento
provocado pela passagem do tempo
porque as possibilidades se desgastam facilmente
no uso da existência

Juventude 29

o recurso do sonho
o recurso do prazer
o recurso da indiferença
todos subterfúgios barrados na intrincadíssima peneira do
   real
mais real que qualquer realidade suposta
no entanto permanecer não é um recurso
é um imperativo de recusa à dissolução
na noite anônima e animal
porque o homem é a negação daquilo
que ele não é
cogito levantar do chão
se eu me agarrasse à aposta de Pascal
escolheria a existência de Deus
e momentaneamente teria um ganho infinito
mas o não-saber cai-me tão pesadamente
como uma fissura impede represar uma certeza
cuja única certeza é pôr-se eternamente em questão
como um homem é uma transitoriedade
no devir de todas as coisas
ah mas este momento e esta chuva
sim, esta chuva e este momento
nada os rouba mais de mim

Vida de campo

quando chega ao campo, minha vó logo
se deixa ficar ao terraço, à cadeira de balanço,
os pensamentos para cá e para lá
como a gente descansa nessa paragem do tempo
verde, quando faz chuva, nos meses de junho a agosto
nos demais meses o mato fica seco
a gente descansa nessa paragem do tempo
e eu lhe digo que do pouco que faço
também descanso
um dia me deixarei ficar toda a semana
morarei aqui
com meus cachorros, o rumorejo das árvores
ao vento e toda a saparia
minha vó ri e diz é tão bom
nem precisa de gente
eu rio e repito nem precisa
de gente
ao longe, em uma estrada que meu olhar alcança,
um ruído de motor de carro
minha vó fala sobre o silêncio
e sua voz e o silêncio se confundem

no campo, o vento é o maestro de todas as coisas
de tudo que rege,
o ar, o balanço das palmeiras, o voo

dos pássaros e sua fala de canto,
de tudo isto, sobe o silêncio
e no corpo adentra – imenso

Poemeto provinciano

As coisas que não tens e mais aprecias
Esquece-as
À distância, quando alcançadas,
Se são as mesmas
Tu outro és
Não mais as desejas

Toda distância é longe
Aprecia o que tua mão alcança no presente:
Tua cidade natal
O céu do hemisfério sul
Estas águas quentes

Ao oriente, aventura imprudente,
Chegaremos tarde
(Irrealizável alquimia)
Bebe, pois, teu café
No quintal da tua casa
E teu cachorro passeia

– O além-muro é o horizonte fugidio dos desterrados de
si mesmos

Minha vida de cachorro

um sono povoado de lagartixas
sob o sol a grama verde
encontra o horizonte no infinito
um corpo habita naturalmente
esse campo de imensos
e goza a imensidão

a lição diária aprendo
com meu cachorro
ser apenas corpo
no chão aveludado
de mato e folha

ao sopro do vento o campo
flui como uma fonte e reflui
como a vaga no mar

acima, nuvens de geometria indiferente
deságuam no verdor de espuma
e terra e céu semelham em vastidão

no campo, o olhar é por extensos

o dia é uma síntese de verde infinito
que a finitude do corpo conquista

Imanência

noite de lua na fazenda
três palmeiras no horizonte
relva seca e rasteira

minha irmã suspira
esta terra...
uma savana

mas para mim
esta terra
é esta terra

Noturno no campo

a lua no céu parece um crânio amarelo
e escalpelado como um ovo aberto
ao redor tudo em silêncio
e zunidos repousa
a noite desce no leito do dia
enquanto a lua parcamente
ilumina o campo
a sombra traga os contornos
do meu corpo e as coisas
vão caindo no escuro
se assumo sua realidade sou
um deus solitário e anônimo
dentro da noite
eu sou o grande maestro regente
que concede à cada coisa sua existência
e ouço estalarem como uma resposta
aos meus desígnios
vou deixar os olhos abertos
para que tudo permaneça na noite
sem fim
mas se o apelo ao impossível romper
como um desejo louco da lua ao lado
meu soluço inundará o corredor
da noite tirando à cada coisa
sua certeza

porque o mergulho no chamado do Eu
túnel sem fundo
é como o coração desnudo da noite absoluta
dentro de mim

Palmeiras imperiais

Vejo-te acima dos campos,
contra o céu recortada, em tua
ereção vegetal.
Sólida e austera, elevas-te,
verticalidade firme e simples.
Teus cabelos coroam-te
no fluxo do ar e dos sons,
indo e vindo numa resignação
orquestrada com o redor.
E, ao mesmo tempo, pairas sobre,
Imperial.
Mas tuas raízes na terra estão
e daí te lanças e não te perdes.
Teu campo é o ar e abrigas
qualquer voo de pássaros.
Não obstante a chuva, o sol,
a alternância das estações, permaneces.
Vertical, permaneces, não obstante
tuas perdas, tuas trocas de folhas,
tuas parciais quedas, teus cachos
secos e mortos.
Mas são estes que doas ao tempo
em um contrato tácito e mútuo
de permanência e ressurgimento.
Pois tu te és, ainda que vária,

apesar de mesma.
E eu, contemplando-te
na tua retidão altiva, porém dócil,
desejo também estender-me
ao infinito, os pés na terra afundados,
e permanecer
à passagem dos dias,
sobre as desditas, sobre as florações
transitórias, sobre o desespero mudo
da mutabilidade de tudo, sobre as calmarias
do tempo, em que nada em aparência
acontece, não obstante a consciência
e o desejo de influir nas coisas
e em seu curso, não obstante o tempo
roendo tudo
até sobrar na garganta um último soluço

que vibrará um instante no ar
e desaparecerá completamente como se nunca
tivesse existido.

Minha juventude

rezem por mim
vou desligar
Cela diz quando embarca
aos catorze, quinze, a dúvida não era tão cruel
aos vinte já tinha visto os filmes de Bergman
e conseguia ler Beckett sem vacilar
desejava ir até o fim
que estava senão em algum livro de Dostoiévski
ou numa antologia de contos russos que comprara
mas descobri que todos somos homens
e esfacelamos em pleno ar
aos vinte e oito não tenho estômago para Haneke
sei que não surgem respostas dos poemas
um consolo talvez e o espanto – sempre
aos cinquenta, sessenta renovo as perguntas
e as esperanças
pena que Ruy não tenha chegado lá
concentro-me muito tempo nos caminhos de insetos
e em desfazer colônias intermináveis de formigas
mas tenho muita pena – de tudo
no Recife ainda quando chove faz sol
tanto mais cáustico quando é sábado
por isso me mando para a fazenda
meus amigos não sabem mas o vazio existe
rezem por mim
antes de dormir

Lição em duas partes

I

Trouxera dois livros de poesia
para ler fora da cidade, no ermo do campo
Minha vó, nove décadas de vida,
surrupiara o livro xamânico, verbodelirante,
e fora sentar na cadeira de balanço
Perguntou-me se havia lido
e ajuntei rindo que sim
mas se despreocupasse do entendimento,
ali eram irrealidades escritas
Ela arrematou
não era muito do seu apreço
("o coração come rosas e brócolis",
"uma lua entre os dentes")
mas na vida a gente tinha de saber de tudo,
de tudo...
e pôs-se a leitura até o fim

Minha avó tem a sabedoria das lonjuras da alma
Meditei:
saber não tudo, que não se desbasta o ser;
mas de tudo, como num vislumbre:
– eis a nossa incompletude
e nossa recusa

Juventude 45

II

No campo, aprendi:
que atrás do biombo do real
há planícies de vento onde
o espírito pode se alhear

que as distâncias procrastinam os horizontes
e são passíveis do exílio do ser

Por isto é preciso dar o que o corpo
tem de imponderável ao abandono da luz
Para que entre na escuridão
esta parte despovoada, devastada
de eternidade
e então habite as ausências
e encontre no eco de si as correspondências

Eis o do campo:
de um silêncio a outro
deixar fluir o mais vasto silêncio

Vida de bairro

A minha rua conta trezentos e alguns passos
guiados pelo meu cão. A volta na quadra,
com algumas paradas, cheiros e contemplações,
toma quase trinta minutos. A tarde sempre cai
no mesmo ritmo. Às cinco e um
ou outro quarto, saio à rua, para o passeio diário.
Se atraso, meu cão se aproxima e dá-me a pata.
Conheço todas as esquinas e os muros e os jardins
que anunciam as casas, ou os edifícios. O muro coberto
de heras da rua dona anunciada com
a esmeraldino bandeira impede-me a vista
de sua mansarda – resquício nesses tempos
de arranha-céus. Ali defronte, uma casa
de repouso permanece. E penso nos dias
da minha velhice. Inda hão de tardar. Um alívio
no peito permite-me levantar os olhos. O percurso
não muda. Mas as cores do céu e a forma
do vento no corpo não coincidem nunca
com o passado. Num mês de chuva, sinto frio,
em contraste com o calor úmido do verão;
e o ar mais pesado, o céu quase chumbo,
a água em gotas vibrando dão-me a impressão do novo,
como se, percorrendo sempre o mesmo caminho,
igual apenas estivesse o trajeto, mas, em volta
e no meu ser, espocassem surpresas; como se

Juventude 47

o cansaço de estar não fosse chegar nunca, e
o tempo tivesse de preparar o corpo para o fim.
Alguma vez, penso que o hábito me fatiga.
É só um momento de dúvida. Se nada
acontecesse, haveria ainda a memória dos dias,
interminável fio onde o fiador se conduz noite adentro,
como um viajante solitário, no eco de sua voz.
Mas os dias não são os mesmos. Há sempre uma
   geografia
fora da carta – como na interseção a todo momento
dos meus olhos com o céu

Poema só para R.A.

vezenquando o cansaço da novidade bate
e de ver o mundo por outra fresta
dá na gana comprar uma passagem
revisitar o rio, ver rafa
dizer sim aos que passam e muitos bons-dias
estar sobre o muro da urca e não ir ao corcovado

vezenquando calha fazer absolutamente
nada, estar desobrigada de uma cidade
num quarto de hotel

Annus mirabilis

aos dezessete estávamos no último ano
com as manhãs de aulas
a tarde nos cursinhos
e a noite uma síntese mal-arranjada

vivíamos entre a repressão
e a tarde aberta em sonhos
como interromper o percurso das 14
e meter qualquer álcool forte na garganta

nenhum verso de Bandeira era mais lírico
que nossos instintos de fuga
sabíamos de cor o do esguicho de cloretilo,
que tinha Dorinha, as cantigas de carnaval
e terminava: – na boca; na boca

algo simples e belo
como os desejos de evasão
desconhecíamos Freud e a melancolia
porque o futuro era certo e o recalque
tinha um corpo jovem e macio para rebote

nenhum ano como esse houve
e mesmo agora quando podemos mais
não bebemos nem vamos fugir
com tanta paixão

Poema de verão

Teu verão inicia o fim e trabalhas
sem esperar rosas ou ressurreição
os deuses foram à praia
e ficaste só, arrojado entre homens e um cão
porque as órbitas do universo são indiferentes
e não crês em oráculos ou meteorologias
o dia e o destino se cumprirão
mas não há nisso fatalismo
apenas um sol muito forte, algum barulho e dois
    mosquitos
quando te fores deitar
(a estatística substitui a predestinação)
no amanhã não distinguirás o hoje
e no passado verás o esquecimento
embora guardes em segredo a esperança
de que as contas da tua vida perfaçam um colar ao final
não darás uma epopeia
não resgatarás o perdido
tens dois pés e quinhentos passos
até o mar

Domingo no campo

Na derradeira parte da manhã,
o sol está quase a pino e não venta.
Meu tédio é um cetáceo ancorado na praia;
e o vasto campo encurrala.

As portas estão abertas, um fantasma
caminha no vazio e palavras vagam e sucumbem
sob um céu absorto e ostensivamente azul.
Talvez chovesse, que levasse esta sequidão embora.

Minha mãe me diz para capinar
e eu empurro uma máquina velha
nos quadriláteros do jardim.
Borboletas não despontam.
Um urubu livremente me acompanha.

Mas na queda do entardecer,
o sol desloca para trás das casas e o vento retoma.
Então, na circulação tácita de todas as coisas,
(folhas secas estalam sob o chumbo do crepúsculo)
um desejo órfico de não morrer jamais
e fundir os vivos e mortos num canto expande.
Desato horizontes.

Caminho setecentas milhas tecendo litanias
mas estou imóvel num rincão da fazenda.
Quando for pesadamente noite,
minha cabeça não suportará as colunas da atmosfera.
Meu desejo será consumido pelas trevas,
enquanto um sapo cururu coaxa imperturbavelmente
na beira da piscina.

Lições de família

I – PRÓLOGO

O avô que não conheci foi militar da aeronáutica, radioamador, proprietário de gado e terras. Na partida de sua última viagem, encontrou meu pai no elevador e lhe disse que voltaria breve. Foi a última pessoa com quem falou antes de se meter só num vasto pedaço de terra, distante de tudo, onde morreu d'um infarto. Pediu ajuda pelo rádio em vão. A família foi ao Piauí buscar o corpo.

II

Imagino meu avô no portão de entrada da fazenda
sob um sol superlativo e penetrante
o olhar invadido pelo desmesurado de terra sem gente
e o seu peito fenecendo no ar indiferente da natureza.

Só o homem pode, em sua liberdade, morrer
envolvido pela beleza.

Em todo instante, guarda a vastidão do desconhecido,
a sua centelha leve e imorredoura.
(somos nós os que se vão)

Por isto, mira, vê, repara
demora um momento ainda nesta travessia –
que é toda a tua vida.

Considerações sobre a existência

1. esta é a condição de jogar o jogo
o jogador não pode revogar *ab initio* a sua condição

2. arremessada entre dois pontos do nada
a existência abre um intervalo – cintila –
e refluindo sobre si mesma retorna à escuridão
de onde veio

Dialética

o prazer de desembrulhar o jornal no meio da manhã
na sexta-feira é maior que no domingo
existe uma interseção obscura dos dias com os deveres
na penumbra o gozo aguarda o lampejo de liberdade
cedo demais a quarta-feira é fatal
tu és livre quando atrasas ainda um instante
teu momento de gozo
mas se te desgarras no infinito
o tédio em meio a objetos inúteis cresce como um sintoma
a liberdade é muito mais difícil
que o dever.

Teia

não há seguro contra o estar no mundo
nem tua casa te previne contra o assalto da existência
as janelas não impedem o vento e o cortejo de passos
de te trazerem signos do nada
o silêncio acusa que estás no centro de coisas
que não oferecem consolo porque apenas remetem a teu
    exílio
o expediente de levantar da poltrona e abrir a porta
da geladeira mede o intervalo de tempo gasto
e não sabes de que te serviria mais
teu olhar interroga paredes e detém-se numa lamparina
em vão um inseto debate-se contra o vidro
não há senão esta só e única realidade

à beira do Capiberibe ou do Nevá

Morro na medida em que tenho consciência de morrer

(Bataille)

há dias em que não conheço a morte
são dias em que estar entre coisas
não se divide entre estar e não estar entre coisas
como viver fosse o fato mais natural

a vida sem a morte é uma canção
antiga repetida sem lembrança
não falta nem evoca nada
como os campos sob um sol casto
não suscitam a não ser si mesmos

e um deitar longa e atemporalmente sobre a relva
com todas as vozes – do eu – em silêncio
e estando sedento é como estivesse saciado

entanto acontece de se viver no limiar
de algo que escapa até o fim
tornando a vida mesma um limiar indefinido

por isso na transição do dia
divisa a réstia de luz sem a nostalgia
de mais luz
e tua vida expandirá como num sopro

Juventude 65

Narciso

As coisas tal como estão não bastam
sob o sol tudo é tácito e desapaixonado
os fatos repetidos à exaustão perdem seu ser de
    acontecimento e drama
o curso do tempo propaga as manhãs estivais do eterno
como se a Terra fosse o último paraíso
eu buscava os avessos das coisas que me atravessavam
a cópula invisível no ar dos místicos e suas ideias
o refúgio da triste fuga dos deuses deste mundo
porque recusava a transparência simples da vida na vida
e do animal no homem
eu descia ao fundo do tédio para perscrutar
seus olhos de desgosto e aborrecimento
como um anatomista mais que um metafísico
em jus ao desencantamento do meu século
eu ansiava um outro espectro de coisas anunciações e
    alquimias
do silêncio de tudo brotava o desespero do inconsolável
do meu grito de não escutava voltar o tombo vazio
nos círculos sem anjos da atmosfera
o meu desejo do impossível era não aceitação
do acaso em que a vida tinha se convertido
mas tomado pelo cansaço renunciei a todas as
    inexistentes saídas
e tive de amar neste mundo toda a sua mundanidade

Juventude 67

porque nos resta este tempo este lugar
então concedi a cada coisa todo o seu esplendor
porque me deixei tomar por todo o seu esplendor
à luz da sua inteira presença em mim
como num rio debruçamos para ver não a nossa imagem
mas a sua profundeza de rio

Uma província, o eu

conta-se que em Königsberg todos os dias
Kant caminhava às cinco da tarde

para que viagens voltas ao mundo travessias périplos
cabotagens

se o que vejo é o eu

Registro

Esta noite chove muito
No leito do rio Capibaribe

Como choveu uma tarde
Em Lima há um século atrás

E nas calçadas da Rua Duvivier
Há pouco quase

Outro dia choverá assim
E não estaremos mais aqui

Vallejo, Gullar e eu.

Momento no Recife

quem sai da ilha de Santo Antônio
pela ponte Duarte Coelho ao fim da tarde,
maré baixa no Capibaribe,
sente o cheiro salgado, úmido e fluvial
de terra molhada misturada a dejetos
e peixe, ao fazer a travessia;
o vento vem do mar,
e o sol deita entre os casarios
da rua da Aurora, encimado pelas nuvens negras
e douradas de um resto de dia, enquanto o ar
fresco curte a pele.
em uma jornada como esta,
meu corpo alheado em abstrações de agosto
tornava ensimesmado para casa.
eu estava só e fatigava a conta dos dias
quando então o cheiro acre no ar
do leito e da terra do rio,
iluminado pelo brilho esvaído do sol,
devolveu-me a espessura da vida,
e sua medida de água, sal
e corrupção,
e eu a traguei – profundamente

para impregnar o corpo
com o momento precário da beleza

Juventude 73

Sevilla

I

O que amo mais na cidade
em que vivi meio ano quando contava
duas décadas de vida
não é o bairro mouro de Santa Cruz
com suas ruas de comércio estreitas
onde a gente das bodeguitas colocava mesas e cadeiras
nos meses não muito quentes do ano
nem a Torre del Oro na beira do Guadalquivir
iluminada pela luz oblíqua do sol à tarde –
resplendendo...
Nem o bairro antigo e popular de Triana
aonde os ricos da cidade vão quando
querem embriagar-se sem suspeita
e de onde eu partia
três quilômetros paras as aulas de direito
salvando *la plata del autobú*
O que amo mais
era um modo de ver a *calle* Betis, na *orilla*
do rio, com suas casas baixas e coloridas,
pegadas umas às outras,
que me lembrava a rua da Aurora
no Recife.

Nos entardeceres queimados de sol,
mirava naquela rua uma outra rua –
a da minha infância –
e tinha saudades de casa

II

uma cidade é uma cidade
mas se eu a observo com todo o meu ser
ela não é senão para mim

Segunda-feira à tarde,
na praça Eça de Queiroz

então saímos do ambiente domesticado
dos cafés e sentamos num banco de pedra da praça
eça de queiroz na madalena periferia do mundo
ou centro tudo absolutamente fluido e inconstante
ora centro ora periferia mas ainda algum lugar no mundo
quando poderíamos estar longe ou fugindo
ou alguma outra coisa
eu não iria longe não iria fugir
estava só ali tinha minha vidinha
e falava sobre o delicado problema de ser feliz na
    civilização
eu achava com Freud que o homem é um ser reprimido
e a clínica terapêutica não poderia resolver
o conflito de eros subjugado pela mais-repressão
sim eu tinha lido Marcuse
sim nós somos infelizes mas Cela disse Freud
só queria trazer à consciência as neuroses do homem
e ele resolvesse de acordo com seu arbítrio o que fazer
entre a normalidade digo normatividade e a satisfação
    dos impulsos
nós falávamos das leis imutáveis
da biologia ou da contingência insuperável do tempo
e da força de ser sob o peso de milhares de anos de
    civilização

existe ainda personalidade?
existe um eu não um animal
não um escravo para além do bem e do mal?
mas Chico com um trago profundo
inclinou a cabeça contra o céu ainda azul
– Freud é só um dos tomos da minha estante

– mas como dói!

Confissão

I

séculos de civilização, anos de ânsia e diletantismo
o mito da subjetividade criadora dá-me úlcera e torcicolo

uma década passa sem rastro
poemas não provocam cataclismos
mas por auroras meus músculos foram vendidos

ganhei esta dor, que suspeito comum
mas carrego como signo de distinção própria
eu – cujos versos mesmo o espelho ignora

II

desde o fundo da noite larga sou o murmúrio que
    ninguém ouviu
eu poderia entrar na escuridão amorfa
e fundir o não saber ao ignoto sepulcro

mas respondo ao mutismo do ser com minha recusa
    maior de homem
e o legado é menos que pouco
a razão duvida do canto e prescreve o sono

entanto há muito me habituei ao nada como a uma
   presença
em meio a jasmins, mangueiras e pardais
eu tenho desperdiçado a vida

Uma certeza

o sol nasce a leste
e a oeste o dia vai morrendo
perto do equador as estações do ano são
verão inverno verão...

um dia na aula de ciências
o professor disse daqui a um bilhão de anos
o sol explodirá e a terra deixará de existir
pensei onde ficaríamos nós e os nossos
animais plantas geografia
foi meu primeiro absurdo

hoje o mundo é apenas uma possibilidade
sob o sol dos mais recentes acontecimentos

Metafísica da casa

Alguns seres levam a casa
Em si – como os moluscos
Suas conchas. Sem sobra
Entre o corpo e a casca.

Examino o homem. Seu sentir
Deslocado é o espaço que jaz
De si para o mundo –
Casa sem teto, desabrigo?

Quando constrói a sua
Alvenaria e cal
Pertence a ele –
Carcaça artificial?

Ou expulso do Jardim
Para o aberto da rua
Restaram-lhe só as vestes –
Do Pai perdida a ternura?

Ou assim despertencido
Resta-lhe o fundo vazio
Do que poderia ter sido?
Isto é: tudo

Juventude

As existências são poucas

CDA

As existências são poucas
e o mundo, numeroso.
O que diz eu é atravessado
por multidões e o cristal bruto que trouxeste
não vale no comércio diário.
Estás só com teus bens e oferta-os,
a cabeça, na Ponte Buarque de Macedo,
e o coração, na Aurora.
Oferta essas coisas inúteis
que demandam compaixão
porque desejas apenas ser compreendido.
Mas sabes que há mais sentido num homem
e seu cão a precaverem-se mutuamente do frio
que em toda a literatura.
Não podes mudar a travessia dos homens
ou os levar à outra margem,
a que, sendo a mesma, inaugura
no dia singrado o tempo suspenso
de mares e contemplação.
A redenção já aconteceu
e legou-nos o gratuito desta manhã,
embora uma ordem fictícia e difusa
não obstante colossal
convoque a ti e aos outros.

Estando iguais, as coisas estão
um pouco diferentes como num quadro
visto devagarzinho.
Tu, que o sabes, suporta
a falta de destino e de fim, suporta
percorrer longos corredores, desejando-os,
contra o teu cansaço, mais longos,
porque neles encontrarás
sem nenhuma justiça
os achados da tua memória.
Suporta que existe um mundo
que enlaça pedras e vento
à superfície nua dos satélites, na paz
absoluta da indiferença do porvir,
onde não há metáforas,
as existências se remitem no oposto
e sem nostalgia
a matéria paira livre da carne.
Suporta ainda isto,
existe esse mundo, mas não para nós.

Especulações Dezembro 2016

I

Estas coisas ocas
o abismo
o vazio
a ausência
povoam-nos

existir é mesmo uma travessia intermitente
e viver é na inconstância de existir

viver é na abertura e fechamento
da luz,
do mundo,
do humano

Por isto, quando
é só nas demoras do ser

II

Em outra parte o jornal anuncia

em uma cidade sitiada
uma massa

entre escombros
marcha

tudo fratura e desmancha
não sob o peso da existência
sob o peso da bomba

eis a geografia literal das coisas ocas

Conversa com Maiakóviski

"O difícil é a vida e seu ofício" (Maiakóviski)

Até tu, russo
Não resististe
A vida e seu ofício
Que, indiferente,
Cruzou teu curso.

Lance no jogo do universo –
Acaso no fluir de uma era –
Oh minha triste fera,
Teu rugido morreu num verso.

Pois é difícil comer
O escasso alpiste
Quando dentro
O rio não espera.

É difícil ser sob o mesmo sol
Quando a fome de esperança
Precipita o corpo fora.

Mais difícil é ser
Quem vieste ser
Quando a porta
está aberta

Juventude

(a brisa fria
a noite bela)
E o descanso te convida
A esquecer.

Poema para Philip Larkin

Fechei as portas da casa; dentro, a mobília,
protegida contra a chuva.
Guardar, voltar.

Era domingo e tarde e um hemisfério do céu
escurecia enquanto o outro sustentava
alguma franja de azul no rastro vermelho do sol.
Tudo cintilava.

A ausência em derredor era plena.
Interrompi, parei.
Todo o meu ser foi tomado desse momento findo.

Sempre haverá domingos
e outros ao fecharem as portas contemplarão os efeitos de
    luz
da rotação da Terra – maravilhados talvez
ou absortos no afã de retornar.

Este momento não voltará –
sei isto,
não como se sabe o caminho para casa
ou como na noite um trem segue viagem – algo natural
mas sei tão completamente que até o corpo confrange da
    dor

de perder algo tão distante tão próximo.

Saber não estar aqui ou lá algum dia que seja.
Saber-se mais breve e finito.
Saber-se mais profundamente como ao entrar numa igreja
  vazia
e demoradamente demorar.
E então se saber menos e menos e não,
não se saber.
Saber isto como se sabe o caminho de volta para casa.

Tua escova-de-dentes

Tu não a esqueceste
No armário do banheiro
(Não se esquece uma coisa para outro.
Deixa-se a si próprio na coisa)

Tu a puseste a ti
Entre os artigos de necessidade
Algo não mais necessário
Para arrancar o suspiro
Ah, ela se foi...

Tua escova-de-dentes é prova
Da perduração das coisas
Contra o cansaço rápido dos corpos

Mas ambos têm um só destino
Se mais ou menos longo
Tanto faz

Os nomes e o homem

os atos falhos não só os homens cometem
meu celular quando tento escrever freud
escreve freios e fico a pensar nos impulsos inibidos
na meta ou nas relações morfossemânticas
dos nomes freud freios frechas fechos foda felação
para dizer foda digo freud e acho que o homem
gostaria dessa suspeita relação e do pudor falso
de foda por freud
freud também é o nome que minha terapeuta
me fala quando diz que uma grande decisão
não é na razão mas em algum sentimento profundo
e irrefletido
outra vez freud é quando minha irmã tenta explicar
o rumo não aparente que sua vida tomou

freud morreu de um câncer na garganta
o homem que morreu logo depois de seu neto de quatro
    anos
por não suportar talvez um mundo
sem o objeto de seu amor como li nalgum lugar
esse homem chamava sigmund

Terça-feira pela manhã, sobre a ponte da Capunga

eu vinha conjurando fatos e fardos
era agosto chovia parcamente e nuvens
davam ao céu uma cor pesada de chumbo
o vento cortava delicadamente o corpo, guiado pelo
    movimento
automático das minhas pernas nos pedais

mas o Capiberibe e a paisagem se fundiam nas áridas
    veredas da consciência
onde não existem fatos, apenas sinapses
eu era o grande demiurgo que desequilibrava o espaço
e a realidade se despojava do real refluindo
às antessalas do sujeito
os músculos desejavam a precipitação na vigência
    simples
das coisas, em sua escuta e sua clareira
mas como pressentisse no ar o cheiro perecível de peixes
    e do meu ser
uma dor metafísica invadia suavemente o conjunto

foi então que uma mulher surgiu lentamente nos confins
dos meus olhos e o universo subitamente se comprimiu
    sem máquina
ou ciência nos seus pés rudes molhados pela chuva

e como num resgate do naufrágio de ser voltei-me
às configurações da calçada e da balaustrada
como artefatos permanentes do mundo
anteparos às descidas infernais do eu

uma mulher triste e seus pés rudes e desamparados sob
   as águas
e eu desejaria interromper a sua marcha
e lavar-lhe os pés com lágrimas e enxugá-los com
   qualquer trapo
das minhas roupas ou cabelos
na tentativa de redimir eternamente o momento
das ruínas do presente

Esfinge

Este ir-se adiante de si
travessia sobre vertigens
a meio caminho entre o grito
e o silêncio – voz sem fala
pura palavra que não se traduz
em coisas de pedra e terra

Este algo de inefável
de dor inapreensível e de quimera...
este que não coincide jamais
no espelho e no retrato
cujo rosto escapa
à máscara e à imagem

Este que não está
onde está – dentro no fora
mais dentro no dentro
a habitar sem tempo a temporalidade
a passos incertos em passadas certas
a passos além do espaço

Este que não se guarda
em lógica de livros
liberdade mais livre
vida por viver – não o vivido

não o que se dissipou
vontade de não não ser

Este que não se prende: solta-se
em sua rota de migrações
até num instante de breve eternidade
pousar como um relâmpago ao mar
isto é, um Homem, afinal

Ontologia do nada

O nada – este signo de trapaça
e recusa do real,
onde habita,
se nem ar ou bruma?
No mundo, não há espaço para –
O mundo está saturado
de gases, corpos descartáveis, chuva ácida
Mas espaço para quê?
O que nada é não vem a ser
O nada é potência de nada
Enunciado, é um paradoxo
É ou não é? Existe na sua inexistência?
Mas não se fala nada
mas sobre circunstâncias ou sua ausência –
o que não é nada
O nada é o resultado de operações aritméticas
ou o que fica – ou não fica – após
tiradas à cebola todas as suas camadas
após ultimada a linguagem como limite especular
das coisas do mundo
O nada é matéria da linguagem – e sua torre
O nada é matéria do homem
Esteve no princípio, cupim em casulo?
Mas quando desatar a latência do não absoluto
máquina criada no ser

Juventude 101

(pense hiroshima, chernobyl, mariana)
estará no fim de tudo

Veloz

Não sabes o exato momento
Em que a tarde
Cede à escuridão total

Nem sabes o momento certo
Em que teu desejo de fuga
Converte em responsabilidade

Não sabes também quando
Os traços do teu pai passam à velhice
E dão-te pena

Tampouco sabes quando a noite
Bacante
Indica só o momento do sono

Não sabes, querido
Quando principias a não saber
E os anos sucedem às estações

Meu pobre homem
Essa transição
É a tua vida –
Que passou; tão veloz
E sem dar de si
A carne espessa

Noturno no campo n. 2

sobre as vozes da tarde os noturnos de Chopin
antecipam o coração silencioso da noite
o som dos homens retumba demasiadamente no espaço
a porta está cerrada como uma metáfora
o dia finda e as janelas estão abertas em par
sobre cigarras latidos e trevas
eles se foram e tudo ficou amplo
mas as palmeiras tão familiares não dão alento
a hora do lobo não distingue forma e enterra o cortejo de
   sombras –
em alguma parte mais obscura também eu sou lobo
com a face voltada para a face ausente da noite
o sentido não importa mais, não há nada trágico no ar
sequer o prenúncio de uma espera
contemplo demoradamente a fixidez do breu
uma e outra árvore se entreveem tacitamente no
   horizonte
dedilho nas costelas uma canção há muito esquecida
mas escutando atentamente são pancadas fortes
que martelam dentro do corpo
o vazio escavou profundamente seu canto seco
como desta terra não houvesse salvação
(*há salvação mas não para nós*)
então faço um movimento para afastar o presságio
e acompanho um barulho que se perdeu longe na estrada

Um poema para agora

estou entre paredes, de bruços na cama
buscando poemas de Adam Zagajewski no computador
leio ode à suavidade e algumas traduções
por instantes, penso em aprender polonês; há esses
poetas
que amo, Wislawa, Celosz e outros cujo nome não
aprendi
um cotidiano profundo irrompe dos versos
como trocar um cigarro ou uma palavra, enquanto lá fora
está sombrio
um cotidiano verdadeiro
em que os elementos comuns da vida, os elementos de
uso
estão aqui sem utilidade e com um brilho incomum
a noite de ontem as nuvens cobriam o céu e deixavam-no
sem uma estrela próxima; a noite estava escarpada
como uma garganta aberta e o hálito era frio e estéril
como um pensamento que circum-volunteia e desaba
cobrindo de espumas nossos olhos; por isso vez e outra
fechava-os com força, involuntariamente, e o mundo
objetivo
se eclipsava um instante enquanto eu ia às raias do não
ser
sentindo perto a aniquilação
e o porvir de anos e constelações que não testemunharei –

Juventude 107

outra vez sinto adentrar um túnel escuro
mas os músculos das costas doem e me forçam a trocar o
  lado
então vejo a janela aberta em par e o verde do campo
as palmeiras esplendem adiante embora o sol esteja
  encoberto
o vento me alcança docemente com um convite
a caminhar sem preguiça
deixando para trás sorte, ideia, destino
principalmente, deixando para trás
este animal que diz eu

Dissolução

manhã de chuva
na praia

manhã de chuva
pálida e fria

nessas manhãs
não se sabe que é
céu ou mar
e na ausência
de formas
meu olho
deságua

e quando o dorso
se apaga
tudo é como
uma massa calma
de nuvem vento e água

aí sinto o corpo
dissolvido
no ar
e não sei se
o que vem

e vai
e quebra
na areia
da praia
sou eu
ou mar

Experimento

dez homens dissecados
doze dados
sobre a espécie

um Homem dissecado
um dado
ao acaso

que fazer do singular
caso

revel ao número
e à massa?

Poema

chove muito levantaste cedo porque tinhas
de viajar e eu não tinha nada importante nesta hora
da manhã então fiquei na cama escutando
a água escorrer sobre os prédios e as ruas é uma tristeza
tranquila não estar sob a chuva e contemplá-la
sobre os pedestres ao trabalho os guarda-chuvas abertos
os passos apressados e decididos mas os pés e as roupas
sempre se molham nesta cidade porque ninguém tem
    capas
de chuva ou impermeáveis londrinos mas
quando eu levantei fiquei pensando não preparei
o teu café comeste só neste dia escuro de chuva
a coisa mais triste do mundo é estar só ao café da manhã
ah me perdoe se eu pudesse interromper o trânsito
andaríamos nós dois sob a chuva pés e roupas molhados
rumo a lugar nenhum

Amor fati

mas quando na escada
você parou e disse que fazer
dezessete anos e um amor
para o resto da vida
(suspiro profundo...)

a vida parou
o instante desse suspiro
depois bateu novamente
então eu sorri como quem sabe inútil
tentar impedir ao rio
seu fluir ao oceano
e descemos
sabendo que
desceríamos
a escada
e a vida
juntos

Poema n. 2

é domingo início de noite cela diz para vermos
personal shopper de olivier assayas se temos coragem
no fundo o filme é uma busca pela resposta de se há vida
após a morte e como tivéssemos visto guiga se
    impressionara com meu destemor oh como eles são
    tolos pensei e não pude evitar
se soubessem que a noite não me causa um tal horror do
    desconhecido se soubessem que não desespero demais
    quando na cama estás à minha direita como um sol
    não posto e inextinguível e o sono não é uma viagem
    rumo ao nada então eles não se espantariam que eu
    visse quase todos os filmes ao teu lado
(com exceção daqueles realmente ruins que não veria
    nunca na vida por deferência à arte)
Se eles soubessem então não se espantariam
com o fato de que eu que não acredito
em nada cometesse incongruências como
rezar pela salvação das nossas almas antes de dormir.

Poema n. 4

é sábado você foi correr na rua e eu fiquei no sofá
tendo adiante uma realidade superlativa demais
para ser sentida fiquei só ante as sombras sem substância
da consciência então comecei este poema imaginando
a pitangueira do quintal onde júpiter brinca
mas esta pitangueira não é a do quintal onde júpiter brinca
porque não posso apoiar a cabeça contra seu tronco
   delgado
e à-toa estar ao abrigo do sol curtindo o vento fresco
nem as folhinhas podem roçar-me os cabelos com um
   carinho insuspeito
este poema não é a vida nenhuma escritura substitui o
   mundo
a pitangueira-árvore e não a pitangueira-signo
o homem que se ampara naquela e não o que a escreve
existem no modo irremediável de existir – de ser-sendo
Pirandello disse que a vida ou se vive ou se escreve
e Eliot que só através do tempo é o tempo conquistado
por isto mesmo eu vou acabar este poema porque você
voltou e correu a 5'49 e sua fome é a única coisa
   verdadeira
nestes versos nós vamos tomar café lá fora onde as coisas
existem plenamente como coisas-sem-conceitos e os fatos
ultrapassam qualquer interpretação dos fatos e você
ah você é o Apollinaire da minha vida

Juventude 119

O amor não acontece à tarde

os meus conhecidos todos estão na luta pela existência
os meus amigos estão a arrumar expedientes
ter filhos ou outro negócio apostar na economia
alguém pergunta a alguém como vai
e eu escuto mal posso respirar sim as coisas estão
em seu devido lugar vai vir o dia em que
o futuro será melhor que o presente enquanto isso
latejam têmporas e sinos e a vida este rio impassível
corre mais embaixo o amor não acontece à tarde
o álcool é só um aperitivo estão vazias as janelas
as ruas cheias de tráfego
fora de hora o prazer naufraga em culpa
na cozinha o cheiro dos pés de alface desliza
e ninguém sabe ninguém saberá o gosto do passeio na
    chuva
ou dos versos de Bashô em volta do lago toda a noite
sob a lua

Constatação

na superfície líquida da piscina
uma florzinha rosa
esmaecida

Sem título

(esferográfica sobre papel)

Desde a janela, uns poucos barcos ancorados no mar.
Ao fundo, a serra em neblina
lembra montanhas cobertas de neve.
Os dias anteriores estiveram assim, ao fluxo
lento e calmo das águas
nesta praia que é uma baía.
Por todo lado, mata – mata vasta.
Algumas espécies estão aí há séculos.
Entanto, a morte não altera a paisagem.
As coisas se acomodam para permanecer.
Tudo aparenta desde sempre e o sopro
da eternidade vem do mar.
Mas o que é humano é estrangeiro –
este desejo de ir ao próprio-de-si.
O que é humano é o grito de não.

A chuva fina desce continuamente.
Com esperança, em mil anos, haverá ainda
quem escreva sua cadência
ou marque o ritmo leve das águas contra as rochas
e o instante irrepetível em que o sol
levanta do horizonte
porque uma ou outra coisa estará modificada.
Na ordem das coisas, o eu quer interromper

o tempo e se inscrever, como pedra,
no instante.

Mas até as pedras tornam ao pó.
Ah, vezenquando sente-se palpitar sob o peito
o impulso de retornar à quietude das pedras...
mas o ser-do-eu – este deseja desentranhar
o silêncio e achar a voz pura
que signifique entre o ar e o nada.

Dia bom

Os livros nas estantes
e os mistérios do mundo em seus lugares.
Desde a véspera, antigos dilemas somam-se a outros;
por ora, nada disto move o coração.
Muitas coisas se fazem sem mensurar
o espaço do homem no cosmos.
Muitos instantes se colhem sem o pensamento
dissecar a essência.
E o brilho das coisas magníficas
é só o brilho das coisas magníficas.
O desespero e o espanto não sucedem o não sei.
Está-se bem com os pés firmes no chão
e o olhar baixo, porém resoluto
embora as cores do céu lembrem a imensidão
infimamente conhecida.
O mundo é o que é – ou seja,
o que aparenta ser.
A metafísica toda está em cultivar o próprio jardim.

Dia bom é dia menor para o homem
enquanto homem-diante-do-mundo
mas, despojado do sublime,
o homem deseja apenas o gozo feliz.

Jornada no campo

No campo, o dia raiado, o corpo desperta.
Tão logo alteia, a vista percorre extensões
a não poder mais e contempla as permanências,
os morrinhos verdejantes
as palmeiras imperiais
o boi ruminando no pasto.
Tudo o que se vê é conquistado
e entranha como uma certeza.
O dia segue sem variar deveras.
(os morrinhos verdejantes, o boi ruminando no pasto...)
As coisas guardam sua imobilidade
como um consolo
porque o tempo atinge só os corpos.
Não importa que se faça,
o campo se impõe na sua passividade
e é um modo de estar.
Quando o calor abranda e saio a percorrer
distâncias, diviso o que antes já prenunciava.
A tarde avançada incendeia o horizonte.
Mas a luz tem nuances que não adivinho
e comove no abandono da indiferença.
O mundo é uma casa estranha.
Por isto, o desejo doido de uma comunhão
total e impossível.
Por isto, a vontade inútil de entrega

Juventude 129

a este espaço desmesurado
como a um abrigo.
No campo, entre o mundo e o homem,
esbarra o menos de pássaro e vento.
A noite consumada, a imobilidade das coisas
propaga o apelo.
Com a escuridão profunda responde
o coração silente de Deus.
Lá embaixo, onde a vista não alcança,
um estábulo em ruína, da minha infância perdida,
lembra a transitoriedade do homem.
O mato cobrirá tudo

– mas o nosso tempo é o enquanto

Soberania e solidão

Não, o homem não é a negação do não-humano
um ser, em sua solidão mais íntima, não é a negação do
 não-eu
árvores confrangem as raízes quando extirpados seus
 ramos
alguém já observou os chimpanzés em melancolia
no ocaso do sol –
o sofrimento nos une a todos

adeus, subjetividade
adeus, soberania de apartado
e estatuto triste de indivíduo
não entre objetos
mas entre seres e coisas me disponho
e o mesmo rio, o que nenhum homem ou deus criou
nos carrega em sua água vária
e como numa infância
realidade e sonho erguem-se sobre o nada

(no entanto, quando todas as fronteiras se abrirem em
 desencanto
e o homem por fim saltar a própria sombra
o seu peito será o lugar mais ermo desta Terra)

Preparação para a noite

Quando a irrevogável se aproximar de mim,
não me leiam Proust
num quarto branco e asséptico de hospital.
Levem-me – se não puder ir
fora da cidade
lá onde o vento entoa o canto do silêncio
e árvores rumorejam suas ramagens no ar.
Levem-me lá
onde o olhar se estende por descampados longos
e só esbarra nos morrinhos do horizonte,
onde a ausência é cheia de plenitude
e a imobilidade das coisas é um encantamento do tempo.

Divisarei aqui minha infância de verde eternidade
e a vida tornará sobre si
como um enlace.
Então derradeiramente
pedirei que me leiam Ítaca de Kaváfis
enquanto contemplo a fixidez das estrelas.
Sentirei que tudo está como sempre foi
e por isto é certo e é bom.
Na madrugada, todos dormindo,
o orvalho me velará o corpo.
Deixem que esta grama cresça sobre minha boca
como o último verso que não pronunciarei.

Balanço

Este ou outro dia passam lentamente.
A noite vem inexorável e calma trazer o sono.

O jantar à mesa
e aquela outra fome não saciada.

Teus olhos fecharão a tempo do sonho.
A manhã tornará sob o mesmo sol,

que concede a cada árvore sua primavera de flores
e a cada um a sensação leve de recomeço,

enquanto ferozmente a vida se aniquila.

Sobra

isto que foge
quando estamos dentro

ou que excede
quando perto

e no excesso
nos falta

é a sobra incapturável
da vida

Recapitulação

noite sem luz
céu estrelado
dentro de mim

Última morada

quando o corpo desceu abaixo do solo
uma cantilena se ergueu de improviso
a estupefação ressurgiu diante do refluxo
da matéria, que ao fim tornava como no princípio

(e a centelha que oscilou um momento apenas
de um a outro ponto sem rastro maior que o apagar de
   uma luz
chamamos vida
e é senão sopro espuma e nada)

ainda não fazia escuro uma brisa conduziu
meus olhos à abóboda do céu
onde nuvens e pássaros voluteavam
imperturbavelmente

o espetáculo prosseguia com menos um ato
mas não havia trama nem fio
e o tecido não dava corpo ou obra

o ser não se abriu em cortejo ou epílogo
nenhum esboço de explicação total
se arquitetou em meu íntimo
sequer a nostalgia do retorno (inútil)
à unidade do mito

então me peguei neste momento de estranha serenidade
em que se renuncia à tentativa do argumento
e, sem fala ou gesto, perpassados pela substância telúrica
do silêncio, somos reconduzidos à origem
(que é também um fim)

sentindo menos horror que o espanto
primevo e metafísico,
que nenhuma lei, máquina ou dispositivo desbasta
(porque o último e inexistente véu da natureza –
ou, quiçá, da alma – segue absconso)

assim depostas as questões,
considerei por um instante a terra
e tudo o que desponta e permanece, pesar dos extravios

e agradecendo à ordem das coisas por não depender
de nossa existência breve e inconstante
deixei-me contemplar uma franja de azul
esfumando ao longe

Elogio da luz

I

Pegávamos a BR 232 desde a fazenda rumo ao Recife
e nem sequer pensava na viagem tantas vezes a fizera
mas minha vó não reconhecia o caminho que a levara
toda vida à casa e como não estivesse perdendo apenas
um caminho demonstrava inquietude e medo eu vi
seu esforço para não entrar na noite solitária e definitiva
onde não se distinguem rostos objetos e paisagens
eu vi seus olhos turvos de sombras e dúvidas tentando
entender o que lhe fugia inexoravelmente e deixava-a
só sem o anteparo do passado num presente
  incompreensível
ela ia desconhecendo não apenas as ruas mas a si própria
não sabia mais a história de que a fazenda fora um
presente do meu avô nem que se enraizara
gerações dentro da família e constituía uma parte
fundamental do nosso ser porque os bens não existem
em estado bruto mas como tudo que tocamos existem-
  para-nós
encerrados no rio que carrega a nossa vida

Juventude 143

II

Como um pássaro subitamente destituído de ar e voo
como uma sombra sem sujeito nos labirínticos
corredores do presente como uma voz expropriada da
   língua
e incapaz de enunciar algo que se perdeu há muito
no fundo das gavetas e se esqueceu o propósito
como uma condenação a uma infância atemporal
despojada do poder de suas imagens de eternidade
como uma chave cuja fechadura não leva a lugar
como uma falta absoluta uma falta que dá por si
e não pelo que falta uma falta de uma falta extinta
para sempre com a substância da memória até que
o sujeito reste privado do que o torna mais próprio
da força de um pretérito agora inconjurável e
   inconjugável
como Odisseu retornasse à casa e não visse no seu porto
o porto de Ítaca e Kaváfis não tivesse mais a matéria
do seu poema como um homem que chega ao centro
da história a partir de todas as estradas recorridas e tem
atrás de si apenas o pó que algum carro levantou
e cujo rosto marcado trouxesse signos incomensuráveis

III

Borges escreveu o elogio da sombra porque apesar
de seus olhos ensombrecidos ainda podia percorrer
as passagens da memória e evocar nos livros a escrita
e ter dos homens não o rosto mas a sua secreta imagem
as sombras do olvido derrogam o mais próprio do eu
o que se manteve da lida dos dias e da repetição banal
    dos gestos
então o presente deve brilhar como um sol muito cálido
que convide a deitar infinitamente na relva verde
enquanto o coração é saciado pelo canto terno dos
    pássaros
o presente como uma luz dourada de verão que seduz
os olhos de minha vó pelos espaços amplos da fazenda
e não a fatiga de repetir que de fato estamos num lugar
muito belo e agradável
um presente que não importasse
de retornar eternamente
a si mesmo

Juventude 145

Prêmio Maraã de Poesia 2017

Idealização: Osório Barbosa
Realização: Editora Reformatório

Apoio:
Academia Paulista de Letras
Negrito Produção Editorial
Lis Gráfica e Editora Ltda.

Esta obra foi composta em ITC Slimbach e
impressa em papel pólen bold 90 g/m² para
Editora Reformatório em setembro de 2018.